ΧΑΡΤΟΓΡΑΦΗΣΗ ΡΟΗΣ ΑΞΙΑΣ

Μειώστε τα απόβλητα και μεγιστοποιήστε την αποδοτικότητα

ΧΑΡΤΟΓΡΑΦΗΣΗ ΡΟΗΣ ΑΞΙΑΣ

Μειώστε τα απόβλητα και μεγιστοποιήστε την αποδοτικότητα

γραμμένο από Johann Dumser
μεταφρασμένο από Lina Sideris

ΧΑΡΤΟΓΡΑΦΗΣΗ ΡΟΗΣ ΑΞΙΑΣ

- **Ονόματα:** χαρτογράφηση ροής αξίας (VSM), χαρτογράφηση ροής υλικών και πληροφοριών.

- **Χρήσεις:** Αυτό το διάγραμμα σε χαρτί περιλαμβάνει όλες τις διαδικασίες παραγωγής και διαχείρισης και επιτρέπει στους χρήστες να κάνουν ένα βήμα πίσω από την τρέχουσα ροή εργασιών και να την αναδιοργανώσουν για να βελτιώσουν την αποδοτικότητα. Χρησιμοποιείται στην ανάλυση βελτίωσης διαδικασιών, στη μηχανική διαδικασιών και στη συνεχή βελτίωση.

- **Γιατί είναι επιτυχημένη;** Σε ορισμένους τομείς της βιομηχανίας και των συμβουλευτικών υπηρεσιών, αυτό το πολύ λεπτομερές εργαλείο χαρτογράφησης επιτρέπει στους χρήστες να απεικονίσουν και να κατανοήσουν τις ενέργειες που πραγματοποιούνται (από την εταιρεία ή ένα άτομο) μεταξύ της στιγμής που ο πελάτης κάνει μια παραγγελία και της στιγμής που παραλαμβάνει το προϊόν ή την υπηρεσία.

- **Λέξεις-κλειδιά:**

  - <u>Συνεχής βελτίωση</u>: αύξηση των επιδόσεων μιας εταιρείας με την τακτική ενσωμάτωση μικρών βελτιώσεων.

  - <u>Kaizen</u>: μια προσέγγιση στη διαχείριση της ποιότητας μέσω της συνεχούς βελτίωσης.

  - <u>Προετοιμασία</u>: ο χρόνος που χρειάζεται για να παραχθεί ή να πραγματοποιηθεί κάτι.

- Λιτή διαχείριση: ένα είδος διαχείρισης που περιλαμβάνει όλους τους εργαζόμενους και αποσκοπεί στην εξάλειψη της σπατάλης, των πηγών αναποτελεσματικότητας, των ανασταλτικών παραγόντων απόδοσης και των περιττών σταδίων της παραγωγικής διαδικασίας.

- Λιτή σκέψη: μια επιχειρηματική μεθοδολογία που στοχεύει να προσφέρει έναν νέο τρόπο σκέψης. Αυτός ο τύπος διαχείρισης ωθεί τους χρήστες να αναλύσουν την οργάνωση των ανθρώπινων δραστηριοτήτων για να αυξήσουν το κέρδος και να ενδυναμώσουν τα άτομα με την εξάλειψη της σπατάλης.

- Χαρτογράφηση: η αναπαράσταση της λειτουργίας ενός οργανισμού με τη μορφή διαγράμματος.

- Αλυσίδα αξίας παραγωγής: τα στάδια της παραγωγικής διαδικασίας ενός προϊόντος ή μιας υπηρεσίας, με χρονολογική σειρά.

- Στρατηγικές έλξης και ώθησης: αυτό σημαίνει να προτείνουμε ένα προϊόν στον πελάτη (ώθηση) ή να δίνουμε στον πελάτη αυτό που ζητάει (έλξη).

Είτε μια εταιρεία διανύει περίοδο κρίσης είτε ανάπτυξης, πρέπει πάντα να έχει ακριβή εικόνα της ροής των προϊόντων και των σχετικών διαύλων επικοινωνίας. Ο προβληματισμός αυτός θα πρέπει να περιλαμβάνει ολόκληρη τη διαδικασία παραγωγής για κάθε προϊόν, ώστε να μπορεί να βελτιστοποιήσει την αποδοτικότητα.

Δεδομένου ότι όλες οι επιχειρήσεις, από τις νεοσύστατες, τις μικρομεσαίες και τις πολυεθνικές, στοχεύουν στη μεγιστοποίηση των κερδών, όλο και περισσότεροι διευθυντές υιοθετούν τη λιτή προσέγγιση, η οποία περιλαμβάνει τη συστηματική εξάλειψη της σπατάλης στις παραγωγικές διαδικασίες.

Μπορούμε όλοι να προβληματιστούμε σχετικά με τον τρόπο με τον οποίο εκτελούνται οι δράσεις στο επίπεδο της εταιρείας μας. Παρόλο που είναι σημαντικό, και μάλιστα απαραίτητο, να μπορούμε να αμφισβητούμε τακτικά τον εαυτό μας ως δεδομένο, πρέπει να γνωρίζουμε ότι συχνά δεν είναι αυτά που δεν γνωρίζουμε που προκαλούν τα περισσότερα προβλήματα, αλλά αυτά που λανθασμένα θεωρούμε αληθινά.

Ακολουθώντας αυτή τη λογική, σε ορισμένες μεγάλες διεθνείς εταιρείες έχουν δημιουργηθεί τμήματα γνωστά ως Γραφεία Διαχείρισης Έργων. Στόχος τους είναι η τυποποίηση της γλώσσας που χρησιμοποιείται στα διάφορα τμήματα και ο συντονισμός των έργων για την ενθάρρυνση της συνεχούς βελτίωσης. Από αυτές τις συνδυασμένες, εποικοδομητικές συνέργειες, προκύπτει μια ενιαία μεθοδολογία: κάθε εργαζόμενος καλείται να χρησιμοποιεί μια σαφή γλώσσα που να είναι κοινή για όλους σε όλες τις πρωτοβουλίες που δρομολογούνται, με στόχο τη σημαντική αύξηση της αξίας για τον τελικό πελάτη.

Προκειμένου να παραμείνει ανταγωνιστικός (δηλαδή να επιτύχει υψηλότερη ποιότητα, χαμηλότερο κόστος παραγωγής ή ταχύτερο κύκλο παραγωγής), ένας οργανισμός θα επιλέξει μεταξύ διαφόρων διαθέσιμων τεχνικών. Μία από αυτές είναι η χαρτογράφηση του ρεύματος αξίας, η οποία είναι ένα από τα πιο επιτυχημένα εργαλεία λιτής παραγωγής, επειδή χρησιμοποιεί ένα απλό διάγραμμα για να αναδείξει συνειδητά τους τομείς προς βελτίωση και τις ευκαιρίες.

ΟΡΙΣΜΟΣ ΤΗΣ ΧΑΡΤΟΓΡΑΦΗΣΗΣ ΡΟΗΣ ΑΞΙΑΣ

Η χαρτογράφηση ροής αξίας περιλαμβάνει την αναπαράσταση των λειτουργιών, των ροών πληροφοριών και των διαδικασιών δεδομένων με τη μορφή διαγράμματος.

Παρέχει μια ρεαλιστική επισκόπηση των εργασιών επί τόπου και όχι όπως αυτές ορίζονται στις διαδικασίες της εταιρείας. Η VSM πραγματοποιείται πάντα στο πλαίσιο της ανάλυσης των διαδικασιών μιας εταιρείας. Η ανάλυση διαδικασιών μπορεί να επιβληθεί από την ανώτερη διοίκηση, έναν διευθυντή λειτουργίας ή έναν υπεύθυνο ποιότητας για την αύξηση της αποδοτικότητας ή να προσφερθεί από παρόχους υπηρεσιών (όπως ένας σύμβουλος βελτίωσης) για να αποκαλύψει προηγουμένως μη αναγνωρισμένες ευκαιρίες.

Σε έναν ιδανικό κόσμο, όλες οι τροποποιήσεις της διαδικασίας θα συνοδεύονταν από έναν έλεγχο, ή ακόμη και από μια αναθεώρηση, εάν είναι απαραίτητο, προκειμένου να διαπιστωθεί εάν είναι απαραίτητη μια αλλαγή στη ροή εργασίας.

👁 ΑΠΟΒΛΗΤΑ ΣΥΜΦΩΝΑ ΜΕ ΤΟΝ ΤΑΙΙCHI ΟΗΝΟ

Ο Ιάπωνας μηχανικός και επιχειρηματίας Taiichi Ohno (1912-1990), που θεωρείται ο ιδρυτής του συστήματος παραγωγής Toyota, προσδιόρισε επτά πηγές σπατάλης (*muda* στα ιαπωνικά) στο βιβλίο του *Toyota Production System: Πέρα από την παραγωγή μεγάλης κλίμακας* (1988). Αυτές έχουν έκτοτε επεκταθεί σε οκτώ πηγές αποβλήτων:

υπερπαραγωγή, δηλαδή παραγωγή που πραγματοποιείται νωρίτερα, ταχύτερα ή σε μεγαλύτερες ποσότητες από αυτές που ζήτησε ο πελάτης,

αποθέματα, τα οποία περιλαμβάνουν αποθέματα πρωτογενών υλικών, προϊόντων αγωγών και τελικών προϊόντων,

η αναμονή, η οποία αναφέρεται στο χρόνο αναμονής ανθρώπων ή εξαρτημάτων κατά τη διάρκεια του κύκλου παραγωγής,

μετακίνηση, δηλαδή οι άχρηστες μετακινήσεις ανθρώπων ή υλικών κατά τη διάρκεια της παραγωγικής διαδικασίας (μετακίνηση χειριστών),

μεταφορά, η οποία είναι η άχρηστη μεταφορά ανθρώπων ή υλικών μεταξύ διαδικασιών παραγωγής (μετακίνηση αντικειμένων),

την παραγωγή ελαττωματικών προϊόντων, η οποία περιλαμβάνει ελαττωματικά στοιχεία, ελαττώματα, επαναλήψεις και διορθώσεις κατά τη διαδικασία,

πρόσθετη επεξεργασία, δηλαδή επεξεργασία πέραν του επιπέδου που απαιτεί ο πελάτης,

μη αξιοποιούμενα ταλέντα, τα οποία αντιστοιχούν σε δεξιότητες που χρησιμοποιούνται κακώς ή δεν χρησιμοποιούνται καθόλου, κυρίως λόγω έλλειψης κατάρτισης ή ευελιξίας του προσωπικού.

ΘΕΩΡΙΑ

VSM ΚΑΙ ΔΗΜΙΟΥΡΓΙΑ ΑΞΙΑΣ

Για να κατανοήσουμε την έννοια του VSM, μπορούμε να ξεκινήσουμε περιγράφοντας τα τρία συστατικά του: αξία, ροή και χαρτογράφηση.

Αξία

Η αλυσίδα αξίας εισήχθη το 1985 από τον Αμερικανό καθηγητή επιχειρηματικής στρατηγικής Michael Porter (γεννημένος το 1947) και αποσκοπεί στη δημιουργία ανταγωνιστικού πλεονεκτήματος. Βασίζεται στην ανάλυση των εσωτερικών διεργασιών και διαδικασιών μιας επιχείρησης. Με αυτόν τον τρόπο, κάθε ενέργεια στην αλυσίδα θα πρέπει να οδηγεί στην αντίληψη ότι έχει δημιουργηθεί αξία (ικανοποίηση) για τον τελικό πελάτη, η οποία μπορεί να φανεί σε αυξημένο κύκλο εργασιών για την εταιρεία. Εάν ο όρος "αξία" αναφέρεται σε μια εκτίμηση του ποσού που οι πελάτες είναι διατεθειμένοι να πληρώσουν για να αποκτήσουν ένα προϊόν ή να χρησιμοποιήσουν μια υπηρεσία, οι ενέργειες που αντιπροσωπεύει η χαρτογράφηση της ροής αξίας μπορούν να περιγραφούν ως "προστιθέμενη αξία" ή "μη προστιθέμενη αξία".

- Τα βήματα **προστιθέμενης αξίας** περιλαμβάνουν όλες τις δραστηριότητες που αυξάνουν την (αγοραία ή λειτουργική) αξία του προϊόντος στα μάτια του πελάτη- με άλλα λόγια, τις δραστηριότητες για τις οποίες ο πελάτης είναι διατεθειμένος να πληρώσει.

- Τα βήματα που **δεν προσθέτουν αξία** είναι οι δραστηριότητες που δεν προσδίδουν καμία αξία στο προϊόν, γεγονός που τις καθιστά πηγές αποβλήτων. Αν και όλοι οι διαχειριστές στοχεύουν να απαλλαγούν από αυτά τα βήματα, ορισμένα από αυτά δεν μπορούν να αποφευχθούν (χωρίς μεγάλες επενδύσεις).

Στόχος του VSM είναι να εντοπίσει τις διαδικασίες στις οποίες δαπανάται ελάχιστος χρόνος για τη δημιουργία αξίας σε σχέση με το συνολικό χρόνο που διατίθεται για την εργασία (χρόνος εκτέλεσης). Είναι απαραίτητο να καθοριστούν οι βελτιώσεις που πρέπει να εφαρμοστούν στη διαδικασία στο σύνολό της, προκειμένου να αυξηθεί το ποσοστό της δημιουργίας αξίας.

Ρεύμα

Το VSM συνοψίζει όλες τις ενέργειες στην αλυσίδα εφοδιασμού ενός προϊόντος ή μιας υπηρεσίας, οδηγώντας το προϊόν ή την υπηρεσία από την αρχική του κατάσταση (Α) στην πρόταση αξίας (Β). Αποτελείται από μια σειρά διεργασιών που ορίζονται με βάση ένα χρονοδιάγραμμα που αντιστοιχεί στον χρόνο παράδοσης, δηλαδή τον χρόνο μεταξύ της έναρξης και της εκτέλεσης της διεργασίας (Α-Β).

Τρεις κατηγορίες διεργασιών μπορούν να εξεταστούν στο VSM:

- **καθοδηγητικές διαδικασίες** (διαχείριση, στρατηγική, έλεγχος ποιότητας, περιβάλλον, ασφάλεια, χρηματοοικονομικά κ.ο.κ.),

- **επιχειρησιακές διαδικασίες** (κατασκευή, σχεδιασμός, ανάπτυξη, αποστολή κ.ο.κ.),

- **διαδικασίες υποστήριξης** (αγορές, ανθρώπινοι πόροι κ.ο.κ.).

Χαρτογράφηση

Η χαρτογράφηση είναι ένας σαφής, απλός τρόπος οπτικής απεικόνισης της λειτουργίας μιας επιχείρησης (κατά την παραγωγή ενός προϊόντος ή την ανάπτυξη μιας υπηρεσίας). Αυτό το εργαλείο έχει ως στόχο να εργαστεί σε ένα σύνολο και όχι μόνο σε ένα απομονωμένο μέρος. Αυτό σημαίνει ότι η ανάλυση δεν επικεντρώνεται στο επίπεδο μιας μηχανής μέσα σε μια γραμμή παραγωγής, αλλά στο επίπεδο της γραμμής παραγωγής στο σύνολό της.

Ο χάρτης πρέπει πάντα να διατάσσεται με τη χρήση εικονιδίων και πρέπει να ακολουθεί συγκεκριμένα πρότυπα ώστε να είναι κατανοητός σε όλους τους εμπλεκόμενους. Οργανώνεται με βάση τρεις κύριους τύπους δράσης:

- ροή πληροφοριών,

- ροή υλικού,

- στοιχεία.

 **ΑΠΟ ΠΟΥ ΝΑ ΞΕΚΙΝΗΣΩ;**

Η μέθοδος περιλαμβάνει τα ακόλουθα βήματα:

ακολουθώντας τη διαδικασία παραγωγής ενός προϊόντος, ξεκινώντας από τον πελάτη (μια ανάγκη) και συνεχίζοντας μέχρι τον προμηθευτή,

αναπαριστώντας οπτικά κάθε ενέργεια στη ροή υλικών και πληροφοριών,

προβληματισμός σχετικά με τα βασικά σημεία και σχεδιασμός της μελλοντικής αλυσίδας αξίας.

VSM ΚΑΙ ΤΑ ΠΛΕΟΝΕΚΤΗΜΑΤΑ ΤΟΥ

Η χρήση του VSM ως εργαλείου έχει πολλά πλεονεκτήματα:

- προσφέρει μια απλή, εγκάρσια επισκόπηση ολόκληρης της διαδικασίας,

- ενσωματώνει όλες τις πληροφορίες που απαιτούνται για την οπτική κατανόηση των δύο τύπων ροής (πληροφοριών και υλικών),

- προσδιορίζει τα σημάδια και τις αιτίες των αποβλήτων,

- συντονίζει τη γλώσσα που χρησιμοποιείται για τη συζήτηση της διαδικασίας χάρη σε τυποποιημένα εικονίδια και κανόνες, γεγονός που διευκολύνει την ομαδική εργασία (ανάλυση, εντοπισμός τομέων προς βελτίωση, διατύπωση ιδεών κ.ο.κ.).

Γενικότερα, η χαρτογράφηση ροής αξίας υποστηρίζει την επίδειξη της δημιουργίας αξίας και την επίλυση προβλημάτων. Καθιερώνει αποτελεσματικό, συνεπή και διατομεακό διάλογο μεταξύ των διαφόρων τμημάτων μιας εταιρείας και ενθαρρύνει την ανάπτυξη μιας κουλτούρας τελειότητας.

ΠΡΑΚΤΙΚΗ ΕΦΑΡΜΟΓΗ

ΒΕΛΤΙΣΤΕΣ ΠΡΑΚΤΙΚΕΣ - ΒΗΜΑΤΑ

Το VSM αποτελεί μέρος της προσέγγισης DMAIC (Define, Measure, Analyse, Improve, Control), επειδή η κατάρτιση ενός χάρτη δεν είναι αυτοσκοπός: είναι μόνο το πρώτο στάδιο μιας κλασικής μελέτης βελτίωσης μιας αλυσίδας αξίας.

Βήμα 1: Ορισμός της οικογένειας προϊόντων

Πριν από τη χαρτογράφηση της ροής αξίας, πρέπει να επιλέξετε μια οικογένεια προϊόντων προς ανάλυση. Δεδομένου ότι οι πιθανότητες επιτυχίας της προσέγγισής σας εξαρτώνται από αυτή την επιλογή, θα πρέπει να της δώσετε μεγάλη προσοχή.

Για να σταματήσετε έναν τομέα εργασίας, πρέπει να γνωρίζετε τα πιθανά τρέχοντα προβλήματα και τις επιπτώσεις τους. Για παράδειγμα, θα μπορούσατε να χρησιμοποιήσετε ένα διάγραμμα Pareto (ένα διάγραμμα που αναπαριστά τη σημασία των διαφόρων αιτιών ενός φαινομένου- ο στόχος εδώ είναι να σκιαγραφήσετε μια ζώνη εργασίας για τη διεξαγωγή του VSM) ή να ρωτήσετε τους διευθυντές διαφόρων τμημάτων (όπως τον υπεύθυνο παραγωγής ή τον διευθυντή). Τα κύρια ερωτήματα που πρέπει να θέσετε στον εαυτό σας είναι τα εξής:

- Πόσο κύκλο εργασιών αντιπροσωπεύει αυτή η οικογένεια προϊόντων;

- Ποιες είναι οι απώλειες που προκαλούνται από αυτά τα προϊόντα;

- Ποιες είναι οι πιθανότητες επιτυχίας της χαρτογράφησης του ρεύματος αξίας; (Μην επιλέξετε έναν τομέα που είναι πολύ δύσκολος ή πολύ απλός- μην αναλάβετε την ανάλυση του συνόλου της παραγωγής στην εταιρεία σας ή, αντίθετα, την ανάλυση ενός μόνο, υπερβολικά απλού τμήματος).

- Ποια είναι η στρατηγική παραγωγής;

 **N.B.**

Μην εκπλαγείτε αν σας ζητηθεί να μελετήσετε τις διαδικασίες μιας οικογένειας προϊόντων που αποφέρει ελάχιστα έσοδα. Αυτό μπορεί να αποδειχθεί μια έξυπνη κίνηση, αν ευθύνεται για μεγάλες απώλειες.

Βήμα 2: Δημιουργία της τρέχουσας κατάστασης VSM

Για να δημιουργήσετε μια νέα, βελτιωμένη έκδοση του χάρτη της αλυσίδας αξίας μιας οικογένειας προϊόντων, το πρώτο πράγμα που θα πρέπει να κάνετε είναι να αποκτήσετε μια ακριβή εικόνα της τρέχουσας κατάστασης και να τη χαρτογραφήσετε. Πώς λειτουργούν τα πράγματα τώρα; Ποιος κάνει τι; Πόσος χρόνος απαιτείται; Πώς επικοινωνούν μεταξύ τους οι διάφορες υπηρεσίες; Ποιες είναι οι αρμοδιότητες και τα ιδιαίτερα χαρακτηριστικά κάθε θέσης στην αλυσίδα; Τα διάφορα στάδια κατάρτισης του χάρτη αναλύονται λεπτομερώς παρακάτω. Ο στόχος εδώ είναι να γίνει απογραφή των ροών υλικών και πληροφοριών, να γίνει προσπάθεια κατανόησης της τρέχουσας λειτουργίας του εργαστηρίου ή του τμήματος, να υπολογιστεί ο χρόνος παράδοσης και να κατανοηθούν οι πηγές και οι αιτίες της σπατάλης.

- **Φάση μηδέν: προετοιμασία**

  - Ξεκινήστε παρατηρώντας τις δραστηριότητες του εργοστασίου ή της υπηρεσίας.

  - Συλλέξτε ακριβείς, ενημερωμένες πληροφορίες για λογαριασμό του ατόμου που επιθυμεί αυτό το VSM. Εάν είναι απαραίτητο, πάρτε μετρήσεις στο έδαφος με τη βοήθεια ενός χρονομέτρου δουλεύοντας γύρω από το κύκλωμα των πρώτων υλών και των πληροφοριών.

  - Ξεκινήστε το δρομολόγιό σας με τον πελάτη και προχωρήστε προς τα πίσω μέσω της διαδικασίας παραγωγής. Καταρτίστε έναν κατάλογο των διεργασιών που συνδέονται στενότερα με τον τελικό πελάτη, προκειμένου να εντοπίσετε τι είναι απολύτως χρήσιμο για αυτόν.

  - Σχεδιάστε ένα προσχέδιο με το χέρι σε μία μόνο πλευρά χαρτιού Α3 ή Α4.

- **Πρώτη φάση: ο πελάτης**

  - Γράψτε "πελάτης" στην επάνω δεξιά γωνία.

- **Δεύτερη φάση: η διαδικασία κατασκευής**

  - Χρησιμοποιήστε το εικονίδιο "διεργασία" (το υλικό που υποβάλλεται σε εργασίες) και:

    - ομαδοποιεί τις θέσεις που ανήκουν σε μία διεργασία κάτω από το ίδιο εικονίδιο,

    - συμπεριλάβετε τις σημαντικές πληροφορίες σχετικά με τη διαδικασία στο πλαίσιο που ακολουθεί (όπως ο χρόνος κύκλου, ο χρόνος προστιθέμενης αξίας, η χρονική περίοδος, ο χρόνος αλλαγής κατασκευής, ο αριθμός κάθε τεμαχίου ανά ώρα, ο διαθέσιμος χρόνος εργασίας κ.ο.κ.).

- Χρησιμοποιήστε το εικονίδιο "stock".

- **Τρίτη φάση: ο προμηθευτής**

  - Γράψτε "προμηθευτής" στην επάνω αριστερή γωνία.

  - Αναφέρετε τη συχνότητα και τον τρόπο παράδοσης (ως πληροφορίες δίπλα στον προμηθευτή):

    - ένα μεγάλο βέλος υποδεικνύει μια πρωτογενή παράδοση μεταξύ δύο εργοστασίων,

    - ένα φορτηγό (ή ένα πλοίο, ένα αεροπλάνο κ.ο.κ.) υποδηλώνει τον τρόπο παράδοσης.

- **Τέταρτη φάση: πληροφόρηση**

  - Σχεδιάστε μια ευθεία γραμμή για τις φυσικές ροές πληροφοριών (π.χ. μέσω ταχυδρομείου) ή μια τεθλασμένη γραμμή για τις ηλεκτρονικές ροές πληροφοριών.

  - Αναφέρετε τη συχνότητα (αποστολής ή μετάδοσης) σε ένα πλαίσιο στο πλάι.

  - Καθορίστε τη λειτουργία (διαδίκτυο, χαρτί κ.ο.κ.):

    - η λειτουργία ώθησης, η οποία βασίζεται στην πρόβλεψη των αναγκών για τη μεταγενέστερη διεργασία, οδηγεί συχνά σε ενδιάμεσα αποθέματα μεταξύ των διεργασιών,

    - η λειτουργία έλξης, η οποία αντιπροσωπεύει μια ζήτηση παραγωγής από τη μεταγενέστερη διεργασία προς την ανάντη διεργασία, μειώνει τον αριθμό των αντικειμένων στην παραγωγή.

- **Πέμπτη φάση: το χρονοδιάγραμμα**

  ○ Σχεδιάστε τη γραμμή κάτω από τα πλαίσια της διαδικασίας παραγωγής και τα εικονίδια αποθεμάτων για να υπολογίσετε το χρόνο παράδοσης, δηλαδή το σύνολο του χρόνου που απαιτείται για κάθε στάδιο (που αντιστοιχεί στο χρόνο επεξεργασίας) και το χρόνο αποθήκευσης.

- **Έκτη φάση: ολοκλήρωση της χαρτογράφησης της αλυσίδας αξίας**

  ○ Μόλις ολοκληρωθεί ο χάρτης της τρέχουσας κατάστασης, αρχίστε να αναλύετε και να παρατηρείτε τους τομείς σπατάλης και να περιγράφετε τις πιθανές βελτιώσεις για να δημιουργήσετε το VSM της μελλοντικής κατάστασης στην οποία στοχεύετε.

Βήμα 3: Ανάλυση

Μόλις ολοκληρώσετε αυτό το στάδιο, το επόμενο πράγμα που πρέπει να κάνετε είναι να αναλύσετε και να παρατηρήσετε λεπτομερώς τις ροές υλικού και πληροφοριών, προκειμένου να προσδιορίσετε τι λειτουργεί αποτελεσματικά και τι όχι τόσο καλά. Αυτό το στάδιο είναι ιδιαίτερα κρίσιμο, καθώς σας επιτρέπει να εντοπίσετε τη σπατάλη και τους τομείς που χρήζουν βελτίωσης. Βεβαιωθείτε ότι εμπλέκετε τους κατάλληλους ανθρώπους: είτε πρόκειται για τους επικεφαλής των υπηρεσιών, είτε για τους συμμετέχοντες στη διαδικασία, είτε για τους διαχειριστές έργων που θα επιβλέπουν τη μετάβαση, πρέπει να είναι ανοιχτοί στις βελτιώσεις και τις αλλαγές.

Η άσκηση αυτή πρέπει να είναι καλά προετοιμασμένη και να παρουσιάζεται σωστά, ώστε να αποφεύγεται η βιασύνη των ατόμων των οποίων η εργασία περιλαμβάνεται στο VSM. Ο στόχος εδώ είναι να τους δείξει ότι είναι δυνατόν να κάνουν την εργασία τους πιο κερδοφόρα και να δημιουργήσουν μεγαλύτερη αξία για τον πελάτη, είτε είναι εσωτερικός είτε εξωτερικός. Κατά γενικό κανόνα, η απλή συνεκτίμηση των κύριων παραγόντων βελτίωσης που ακολουθούν θα έχει αντίκτυπο στο τελικό αποτέλεσμα:

- κατασκευή just-in-time,

- γενική εφαρμογή συνεχούς ροής όπου είναι δυνατόν, με στόχο τη μείωση ή και την εξάλειψη των αποθεμάτων ή την εισαγωγή σούπερ μάρκετ (ενδιάμεσα αποθέματα που διαχειρίζονται με παρτίδες Kanban),

- ομαδοποίηση όλων των πληροφοριών σχετικά με την παραγγελία του πελάτη σε μια ενιαία διαδικασία (γνωστή ως "διαδικασία βηματοδότη"), η οποία καθοδηγεί τις άλλες διαδικασίες.

Βήμα 4: Δημιουργία της ιδανικής κατάστασης VSM

Οπλισμένοι με τις παρατηρήσεις σας και τα μέτρα που έχετε σχεδιάσει, αυτό το βήμα θα σας επιτρέψει να καταρτίσετε έναν χάρτη που θα περιγράφει λεπτομερώς τις ευκαιρίες βελτίωσης που εντοπίστηκαν νωρίτερα. Ο τελικός στόχος του VSM ιδανικής κατάστασης είναι να μειωθεί ο χρόνος που δεν προσθέτει αξία, ώστε ο συνολικός χρόνος να είναι όσο το δυνατόν πιο κοντά στον χρόνο που προσθέτει αξία. Σε γενικές γραμμές, χρειάζονται περίπου τρεις έως πέντε εργάσιμες ημέρες για τη σύνταξη του VSM της τρέχουσας κατάστασης και της ιδανικής κατάστασης.

Βήμα 5: Καθορισμός του σχεδίου δράσης

Για κάθε αλλαγή, η ομάδα που είναι υπεύθυνη για το έργο θα οργανώσει ένα σχέδιο δράσης. Θα είναι σημαντικό να ποσοτικοποιηθούν τα σχετικά οφέλη και οι λύσεις (κόστος/πόροι), ώστε να πειστούν τα ανώτερα στελέχη για τις προβλεπόμενες ενέργειες και να εξασφαλιστεί η έγκρισή τους. Η εφαρμογή ενός σχεδίου δράσης μπορεί να διαρκέσει αρκετούς μήνες ή ακόμη και αρκετά χρόνια.

Βήμα 6: Εφαρμογή

Αφού εγκριθεί ο προϋπολογισμός, πραγματοποιηθεί η διαχείριση κινδύνων και σταματήσει η οργάνωση, είναι καιρός να τεθεί σε εφαρμογή το σχέδιο. Αυτό περιλαμβάνει την ανάπτυξη, την αποδοχή, την εκπαίδευση των εργαζομένων και τη διαχείριση των αλλαγών.

ΣΥΣΤΑΣΕΙΣ

Υπάρχουν δύο σημαντικοί τομείς στους οποίους πρέπει να δώσετε ιδιαίτερη προσοχή: η οργάνωση της ομάδας και η μεθοδολογία.

Εάν το VSM δεν είναι κατανοητό, θα οδηγήσει σε απώλεια χρόνου.

ΜΕΛΕΤΗ ΠΕΡΙΠΤΩΣΗΣ

Θα επικεντρωθούμε στην τρέχουσα κατάσταση VSM της φανταστικής εταιρείας Forest LPC, η οποία κατασκευάζει έπιπλα. Η οικογένεια προϊόντων που μελετάμε για αυτή την άσκηση είναι τα σκαμπό.

Πρώτη φάση: ο πελάτης

- Ο πελάτης τοποθετείται στην επάνω δεξιά γωνία.

Δεύτερη φάση: Η διαδικασία κατασκευής

- Το στάδιο αυτό περιλαμβάνει τέσσερις διαδικασίες: βαφή, συναρμολόγηση, συσκευασία και αποστολή.

- Δίπλα σε κάθε διαδικασία υπάρχουν οι σταθμοί εργασίας και σημαντικές πληροφορίες (χρόνος κύκλου, χρόνος αλλαγής ή μετατροπής μιας μηχανής για την παραγωγή άλλου προϊόντος, βάρδιες κ.ο.κ.).

- Συμπληρώνονται επίσης τα ενδιάμεσα αποθέματα σε κάθε στάδιο.

Τρίτη φάση: Ο προμηθευτής

- Ο προμηθευτής αναγράφεται στην επάνω αριστερή γωνία.

- Η εβδομαδιαία παράδοση πραγματοποιείται με φορτηγό.

Τέταρτη φάση: Πληροφορίες

- Οι εβδομαδιαίες προβλέψεις ζήτησης αποστέλλονται από τον πελάτη στην εταιρεία μέσω ηλεκτρονικού ταχυδρομείου.

- Οι παραγγελίες διαβιβάζονται στον προμηθευτή με φαξ.

- Σε κάθε εσωτερική θέση στην εταιρεία δίνεται ένα εβδομαδιαίο πρόγραμμα.

- Οι ροές πληροφοριών και φυσικών (ή υλικών) ροών αναπαρίστανται με σαφήνεια.

Πέμπτη φάση: Το χρονοδιάγραμμα

- Ένα χρονοδιάγραμμα προστίθεται κάτω από τα πλαίσια της διαδικασίας κατασκευής και τα εικονίδια αποθεμάτων.

- Η διαδικασία έχει χρόνο παράδοσης 19 ημέρες και χρόνο επεξεργασίας 365 δευτερόλεπτα.

Έκτη φάση: VSM

Συνεπώς, η χαρτογράφηση της τρέχουσας κατάστασης έχει ολοκληρωθεί. Τώρα είναι καιρός να την αναλύσουμε, να παρατηρήσουμε τα σημεία σπατάλης και να εντοπίσουμε πιθανές βελτιώσεις. Μπορούμε να καταγράψουμε τις ακόλουθες πηγές βελτίωσης, συμπεριλαμβάνοντάς τες στο διάγραμμα, το οποίο θα μας επιτρέψει να προετοιμάσουμε τον χάρτη της κατάστασης-στόχου:

- βασίζοντας τον προγραμματισμό σε εβδομαδιαίες παραγγελίες πελατών αντί για προβλέψεις,

- δημιουργία ενός συστήματος έλξης για τον προγραμματισμό της παραγωγής,

- δημιουργώντας ένα σούπερ μάρκετ λίγο πριν από την έναρξη της ζωγραφικής,

- εξαλείφοντας τις απορρίψεις από τη ζωγραφική,

- συνδυάζοντας τις διαδικασίες συσκευασίας και αποστολής.

ΕΠΙΠΤΩΣΕΙΣ

ΠΕΡΙΟΡΙΣΜΟΙ ΚΑΙ ΚΡΙΤΙΚΕΣ

Εκτός από τα πολλά πλεονεκτήματά της, η χαρτογράφηση ροής αξίας έχει και ορισμένους περιορισμούς.

- **Πιθανά λάθη κατά την κατάρτιση του χάρτη.**

  - Τα σφάλματα μπορεί να παρεισφρήσουν λόγω λανθασμένης συλλογής, μεταγραφής ή ανάλυσης των δεδομένων. Για να το αποφύγετε αυτό, χρησιμοποιήστε εμπειρογνώμονες που μπορούν να δουν την κατάσταση αντικειμενικά και διεπιστημονικές ομάδες.

  - Δώστε πάντα προσοχή σε αυτό που αναλύετε, διότι ορισμένες διαδικασίες δεν χρειάζεται να αναθεωρηθούν.

- **Είναι μόνο ένα εργαλείο.** Η χαρτογράφηση της ροής αξίας δεν είναι αυτοσκοπός- αποκαλύπτει τα προβλήματα της εταιρείας, βοηθά τους χρήστες να προβληματιστούν και, πάνω απ' όλα, πρέπει να οδηγεί σε δράση.

Δεν έχει νόημα η ανάλυση αν δεν θέσετε σε εφαρμογή ένα σχέδιο δράσης! Βεβαιωθείτε ότι δεν θα κολλήσετε στη φάση της ανάλυσης. Επιπλέον, εάν διαφορετικές ομάδες εργάζονται σε έργα λιτής διαχείρισης, θα πρέπει να φροντίσετε να τις συντονίσετε καλά, ώστε να αξιοποιήσετε το καλύτερο δυνατό αποτέλεσμα από όλα τα έργα.

- **Παραμέληση των ανθρώπινων και κοινωνικών πτυχών.** Το VSM είναι ένα τεχνικό εργαλείο που ασχολείται μόνο με τις φυσικές πτυχές, τις αλληλεπιδράσεις και την καθοδήγηση των ροών. Δεν ενσωματώνει τις κοινωνικές, ανθρώπινες και οργανωτικές διαστάσεις, οι οποίες ωστόσο είναι πολύ σημαντικές σε ένα λιτό έργο. Η τάση αυτή είναι ακόμη πιο έντονη στον βιομηχανικό τομέα, όπου οι διευθυντές επικεντρώνονται πολύ στην τεχνική πλευρά των πραγμάτων, αλλά είναι λιγότερο διατεθειμένοι να σκεφτούν τα ανθρώπινα ζητήματα.

* **Περιοριστική χρήση τυποποιημένων συμβόλων.** Τα υπάρχοντα σύμβολα μπορούν να εμποδίσουν την αναζήτηση καινοτόμων λύσεων. Ωστόσο, η καινοτομία είναι ολοένα και περισσότερο απαραίτητη για τις εταιρείες που προσπαθούν να παραμείνουν ανταγωνιστικές.

ΣΧΕΤΙΚΑ ΜΟΝΤΕΛΑ ΚΑΙ ΕΠΕΚΤΑΣΕΙΣ

DMAIC

Το μοντέλο DMAIC (Define, Measure, Analyse, Improve, Control) είναι μια δομημένη προσέγγιση που επιτρέπει στους χρήστες να επιλύουν προβλήματα. Παρέχει στην ομάδα συνεχούς βελτίωσης μια βάση πέντε βημάτων για να εργαστεί. Σε αυτή την ισχυρή μέθοδο διαχείρισης έργων lean, το στάδιο του ορισμού είναι το κλειδί.

* Καθορισμός: προσδιορισμός του αντικειμένου μελέτης και περιγραφή του στόχου των εργασιών που πρόκειται να πραγματοποιηθούν από την ομάδα.

* Μέτρηση: συλλογή πληροφοριών για την ολοκλήρωση του χάρτη των διαδικασιών και τον καθορισμό των δεικτών απόδοσης για την αποτελεσματική παρακολούθηση του έργου.

- Ανάλυση: εντοπισμός των αιτιών των προβλημάτων και ανάλυση των πηγών τους.

- Βελτίωση: πρόταση λύσεων, σχεδιασμός δράσεων, εφαρμογή των επιλεγμένων μέτρων.

- Έλεγχος: σύγκριση των αναμενόμενων αποτελεσμάτων και των αποτελεσμάτων που προέκυψαν μετά την εφαρμογή των λύσεων, επικοινωνία σχετικά με το έργο, ανασκόπηση για την εξαγωγή συμπερασμάτων.

Λιτή παραγωγή

Αυτή η γνωστή μέθοδος για την εξάλειψη της σπατάλης απαιτεί συλλογική ευφυΐα για πειστικά αποτελέσματα: οι ομάδες που εργάζονται σε αυτό το λιτό έργο πρέπει να έχουν κίνητρα, συντονισμό και αποφασιστικότητα για την εξεύρεση λύσεων. Τα πέντε βασικά στοιχεία είναι τα εξής:

- τον ορισμό της προστιθέμενης αξίας από την άποψη του πελάτη,

- τον προσδιορισμό της αλυσίδας αξίας όσον αφορά τα διάφορα στάδια παραγωγής,

- ιδιαίτερη προσοχή στις ροές, διασφαλίζοντας ότι τα στάδια προστιθέμενης αξίας δεν διακόπτονται,

- ροές έλξης, δίνοντας προτεραιότητα στις παραγγελίες των πελατών και όχι στις προβλέψεις,

- τελειοποίηση θέτοντας φιλόδοξους στόχους και εισάγοντας μια δυναμική συνεχούς βελτίωσης.

Kaizen

Το Kaizen είναι η ιαπωνική λέξη για τη "συνεχή βελτίωση" και βασίζεται σε μικρές βελτιώσεις που εισάγονται σε καθημερινή βάση, με τη συμμετοχή όλων των ανθρώπων που εμπλέκονται στη διαδικασία και καταβάλλουν την απαραίτητη προσπάθεια.

Το Kaizen δεν οδηγεί αμέσως σε θεαματικά αποτελέσματα επειδή εισάγεται αργά, αλλά συχνά αποδεικνύεται πολύ πιο αποτελεσματικό μακροπρόθεσμα. Μπορεί να αντιπαραβληθεί με την καινοτομία, η οποία απαιτεί μεγάλες επενδύσεις και συνεπάγεται ξαφνικές αλλαγές.

SIPOC

Αυτό το εργαλείο μοντελοποίησης περιλαμβάνει την κατάρτιση ενός γενικού πίνακα της μακρολειτουργίας μιας δεδομένης διαδικασίας. Το διάγραμμα SIPOC (Προμηθευτές, Εισροές, Διαδικασία, Εκροές, Πελάτες) επιτρέπει στους χρήστες να καθορίσουν τα όρια της μακροδιαδικασίας, να συνοψίσουν τις εισροές και τις εκροές και να προσδιορίσουν τους προμηθευτές και τους πελάτες. Αλλά προσέξτε: αναπαριστά μόνο ροές υλικών.

ΠΕΡΙΛΗΨΗ

- Το VSM είναι το βασικό εργαλείο της λιτής παραγωγής. Αποσκοπεί στον εντοπισμό των πηγών σπατάλης στην αλυσίδα αξίας για μια δεδομένη οικογένεια προϊόντων.

- Σήμερα, το VSM χρησιμοποιείται σε όλους τους τομείς της βιομηχανίας, επειδή ανταποκρίνεται στην καθολική και αυξανόμενη ανάγκη για μείωση του κόστους παραγωγής.

- Είναι καλή ιδέα να ξεκινήσετε έναν λιτό μετασχηματισμό με τη χαρτογράφηση της ροής αξίας. Πρέπει να γνωρίζετε όχι μόνο τα διάφορα στάδια, αλλά και τις βέλτιστες πρακτικές για να εξασφαλίσετε μια σαφή επισκόπηση των διαδικασιών που συνθέτουν μια εταιρεία.

- Η VSM της τρέχουσας κατάστασης και της ιδανικής κατάστασης αποτελούν μέρος μιας μεθόδου συνεχούς βελτίωσης. Η μέθοδος αυτή χρησιμοποιείται όχι μόνο για να περιγράψει την τρέχουσα κατάσταση, αλλά και για να φανταστεί και να δημιουργήσει μια πιο αποτελεσματική, πιο ευέλικτη, λιγότερο δαπανηρή και πιο συντονισμένη μελλοντική κατάσταση. Το διάγραμμα των ροών πληροφοριών και υλικών επιτρέπει στους χρήστες να αντιμετωπίσουν ταυτόχρονα δύο ζητήματα: τη μείωση των αποβλήτων και τη βελτίωση των συνθηκών εργασίας.

- Το πλαίσιο του οργανισμού γύρω από το έργο είναι απαραίτητο για την επιτυχία του. Οι διεπιστημονικές ομάδες, στις οποίες συμμετέχουν άτομα που βρίσκονται όσο το δυνατόν πιο κοντά στο χώρο, και η σταθερή δέσμευση της ανώτερης διοίκησης αποτελούν βασικούς παράγοντες αυτής της προσέγγισης της αλλαγής.

- Τέλος, είναι επίσης σημαντικό να γνωρίζουμε τους περιορισμούς αυτής της μεθόδου. Ειδικότερα, η VSM δεν επικεντρώνεται στην ανάλυση των κοινωνικών, ψυχολογικών και οργανωτικών πτυχών.

- Η VSM είναι μία από τις πιο ευρέως χρησιμοποιούμενες μεθόδους χάρη στην ευκολία χρήσης της και την αποτελεσματικότητά της να εμπνέει τους χρήστες να προβληματιστούν.

ΠΕΡΑΙΤΕΡΩ ΑΝΑΓΝΩΣΗ

ΒΙΒΛΙΟΓΡΑΦΙΑ

Davis, J. (2006) *Lean Manufacturing*. New York: Industrial Press.

Fouque, F. (2009) *À la découverte du Lean Six Sigma*. Mions: Édition Fouque.

Hohmann, C. (2009) *Techniques de productivité. Comment gagner des points de performance pour les managers et les encadrants*. Paris: Éditions Eyrolles.

Hohmann, C. (χωρίς ημερομηνία) Lean Enterprise. *Christian. Hohmann.fr*. [Online]. [Πρόσβαση 26 Ιουλίου 2017]. Διαθέσιμο από: < http://christian.hohmann.free.fr/index.php/lean-entreprise>

Lean Enterprise Institute. (Χωρίς ημερομηνία) Τι είναι το Lean; *Lean.org*. [Online]. [Πρόσβαση 26 Ιουλίου 2017]. Διαθέσιμο από: < https://www.lean.org/whatslean/>

Ohno, T. (1988) *Toyota Production System: Toyota: Πέρα από την παραγωγή μεγάλης κλίμακας*. Νέα Υόρκη: Productivity Press.

Porter, M. E. (1985) *Ανταγωνιστικό πλεονέκτημα: Creating and Sustaining Superior Performance*. Νέα Υόρκη: Free Press.

Rother, M. και Shook, J. (1999) *Μαθαίνοντας να βλέπεις*. Νέα Υόρκη: Productivity Press.

Subramaniam, A. (2010) VSM – Current & Future: Πώς να μεγιστοποιήσετε τη συνολική ροή; *SlideShare*. [Online]. [Ημερομηνία πρόσβασης 26 Ιουλίου 2017]. Διαθέσιμο από: < https://fr.slideshare.net/anandsubramaniam/vsm-current-future>

Womack, J. P. and Jones, J. T. (1996) *Lean Thinking*. Νέα Υόρκη: Free Press.

ΠΡΟΣΘΕΤΕΣ ΠΗΓΕΣ

Δικτυακός τόπος Conceptdraw: http://conceptdraw.com/samples/quality-VSM

Ιστοσελίδα της Marris Consulting: http://www.marris-consulting.com/

Ιστοσελίδα Strategos: http://www.strategosinc.com/

ΒΙΝΤΕΟ

Ο όμιλος Karen Martin. (2014) *Value Stream Mapping: Σπουδές περίπτωσης*. [Online]. [Πρόσβαση 26 Ιουλίου 2017]. Διαθέσιμο από: < https://www.youtube.com/watch?v=ZPNq5k24vgY&feature=youtu.be>

MASLOW'S HIERARCHY OF NEEDS
Personal accomplishment
Esteem
Belonging
Security
Physiologic
THE SWOT ANALYSIS
Strengths
Weaknesses
SWOT
Opportunities
Threats

Κύριο ISBN: 9782808600262
ISBN: 9782808601719
Νόμιμη κατάθεση: D/2022/12603/172

Ψηφιακός σχεδιασμός: Primento,
ο ψηφιακός συνεργάτης των εκδοτών.